JESUÍTAS BRASIL | MAG+S BRASIL

Jorge Bergoglio

O jesuíta que se tornou Papa

Coleção Jesuítas | Volume 18

Texto Original

Bruno Franguelli, SJ

CB044755

Título original:
Jorge Mario Bergoglio: o jesuíta que se tornou Papa
© Copyright da versão original

Autor:
Bruno Franguelli, SJ

Grupo de Trabalho:
Clara Mabeli Bezerra Baptista
Guilherme Borges Ferreira Costa
Ir. Ubiratan Oliveira Costa, SJ
Larissa Barreiros Gomes
Pe. Bruno Torres, SJ
Plínyo Fagner Proença, SJ

Capa e Diagramação:
Rodrigo Souza Silva

Coordenador do Programa MAGIS Brasil:
Pe. Jean Fábio Santana, SJ

Programa MAGIS Brasil
Rua Apinajés, 2033 - Sumarezinho
01258-001 São Paulo, SP
T 55 11 3862-0342
juventude@jesuitasbrasil.org.br
vocacao@jesuitasbrasil.org.br
www.facebook.com/vocacoesjesuitas
www.magisbrasil.com

Edições Loyola Jesuítas
Rua 1822, 341 - Ipiranga
04216-000 São Paulo, SP
T 55 11 3385-8500/8501 • 2063-4275
editorial@loyola.com.br
vendas@loyola.com.br
www.loyola.com.br

Todos os direitos reservados. Nenhuma parte desta obra pode ser reproduzida ou transmitida por qualquer forma e/ou quaisquer meios (eletrônico ou mecânico, incluindo fotocópia e gravação) ou arquivada em qualquer sistema ou banco de dados sem permissão escrita da Editora.

ISBN 978-65-5504-137-8

© EDIÇÕES LOYOLA, São Paulo, Brasil, 2021

103025

Apresentação

O Programa MAGIS Brasil – Eixo Vocações – traz uma nova edição revista, atualizada e ampliada da Coleção JESUÍTAS, destinada especialmente aos jovens que estão em processo de discernimento vocacional. Este trabalho teve início com o Pe. Jonas Elias Caprini, SJ, no período em que assumiu a coordenação do Programa e o secretariado para Juventude e Vocações da Província dos Jesuítas do Brasil – BRA. Agradecemos a ele a dedicação nesta tarefa, que será continuada com o mesmo cuidado e zelo.

A Coleção JESUÍTAS apresenta a história de grandes jesuítas cujas vidas são para todos inspiração na busca contínua ao que Deus quer para cada um.

Foi lançada em 1987, pela Editora Reus, contendo inicialmente sete volumes, cada um com a história de um santo jesuíta.

Verificando a necessidade de atualizar os materiais vocacionais existentes, o serviço de animação vocacional da Companhia de Jesus apresenta uma nova edição, acrescida de roteiros de oração e demais notas com escritos do próprio jesuíta, textos da Companhia de Jesus e outros comentários e provocações que ajudam a rezar em tempo de discernimento.

As biografias apresentadas nesta coleção são sinais de vidas consagradas ao serviço do Reino. Ajudam-nos a refletir a nossa própria história e a construir um caminho de santidade, guiado pelo projeto de vida à luz da fé cristã, como afirma o Papa Francisco na Exortação Apostólica *Gaudete et Exsultate*, n. 11:

Há testemunhos que são úteis para nos estimular e motivar, mas não para procurarmos copiá-los, porque isso poderia até afastar-nos do caminho, único e específico, que o Senhor predispôs para nós. Importante é que cada crente discirna o seu próprio caminho e traga à luz o melhor de si mesmo, quanto Deus colocou nele de muito pessoal (cf. 1 Cor 12, 7), e não se esgote procurando imitar algo que não foi pensado para ele.

Desejamos que essa leitura orante nos motive e nos provoque a viver também para Cristo e que o discernimento vocacional seja um contínuo proceder de todos os jovens que estão abertos para ouvir, acolher e responder os apelos do Senhor da Messe. Boa leitura e oração a todos!

Pe. Jean Fábio Santana, SJ

Secretário para Juventude e Vocações
da Província dos Jesuítas do Brasil - BRA

Jorge Mario Bergoglio

13 de março de 2013

Roma, tarde de 13 de março de 2013. A praça de São Pedro, superlotada, mantém os olhos fixos na pequena chaminé improvisada nos telhados da capela Sistina. Todo católico conhece a emoção e as expectativas que ocupam o coração durante a eleição de um novo Papa. A inesperada renúncia de Bento XVI ao papado fazia este momento ser ainda mais especial. Trata-se do segundo dia de conclave e espera-se com ansiedade o resultado do quinto escrutínio, que deve ser anunciado em breve com o tradicional sinal da fumaça escura ou branca. Finalmente, por volta das 19 horas de Roma, os católicos de todo o mundo são informados: um novo Papa está eleito!

Mas quem é ele? Como se chama? Qual é o seu país de proveniência? Somente os seus eleitores o conhecem. A mídia mundial aguarda ansiosa a resposta e as emissoras de rádio, televisão e internet disputam-se na ânsia de anunciar em primeira mão o nome, a história e a personalidade do novo Sumo Pontífice da Igreja

Católica. Há semanas, nomes de vários possíveis papáveis circulavam pelas redes. O mundo, especialmente ocidental, sabe o que representa a eleição de um Papa. Roma e o mundo aguardam o resultado com atenção. Seu nome é anunciado. As reações são discretas. Quase ninguém conhece Jorge Mario Bergoglio. Mas o silêncio da praça é logo interrompido com aplausos espontâneos de alegria quando o nome do novo Papa é anunciado: ele se chama Francisco!

Quase ninguém conhecia Jorge Mario Bergoglio. Quase ninguém! Justamente por isso, a poucos metros da praça de São Pedro, na Cúria Geral da Companhia de Jesus, os telefones começam a tocar. Afinal, a Ordem de Santo Inácio de Loyola, naquela tarde, ofertava à Igreja o primeiro Papa jesuíta da História. Era comum que todos quisessem saber mais informações sobre o novo pontífice. E ninguém melhor do que seus companheiros de Ordem poderia lhes informar quem era o cardeal Bergoglio.

Um inesperado telefonema

Às 20:22 horas de Roma, o Papa jesuíta assomou à sacada renascentista da Basílica de São Pedro. A *Urbi* e a *Orbi* (Roma e o mundo) encontravam-se pela primeira vez com o novo Papa. O sorriso, os gestos simples e discretos, as palavras significativas, a benção e, enfim, o *"buona sera"*. A maior parte dos católicos já podia dormir tranquila por já conhecer seu novo Papa. Mas, nós, jesuítas, não!

Na manhã de 15 de março, apenas dois dias após a eleição papal de Bergoglio, toca o telefone na Cúria Geral dos Jesuítas:

"Bom dia, sou o Papa Francisco, gostaria de falar com o Pe. Geral."

O recepcionista quase lhe respondeu: *"E eu sou Napoleão!"*, mas se conteve. Porém, lhe perguntou: *"O senhor telefona em nome de quem?"*

Então, o Papa entendeu que o jovem não acreditou que era realmente o pontífice quem estava ao telefone e lhe disse novamente:

"É verdade, sou o Papa Francisco! E você como se chama?"

O recepcionista respondeu com uma voz titubeante, dando-se conta do erro:

"Meu nome é Andrea". E o Papa lhe disse: *"Como você está, Andrea?".*

E ele lhe respondeu: *"Bem. Desculpe-me. Estou um*

pouco confuso".

O Papa lhe respondeu: *"Não se preocupe, gostaria de agradecer ao Pe. Geral pela bonita carta que me escreveu".*

O recepcionista lhe respondeu: *"Desculpe-me, Santidade! Um momento!"*

É verdade que, ao ser eleito bispo, um padre naturalmente se desvincula, pelo menos formalmente, de sua Ordem Religiosa. Sua missão passa a ser os interesses de sua diocese e seu serviço à Igreja é próprio de seu ministério episcopal. São muito conhecidos os aspectos dos votos jesuítas que dificultam o acesso dos membros da Ordem a este ministério. Neste sentido, o fato de um jesuíta ser eleito bispo já é algo acidental. Ainda que Santo Inácio de Loyola tivesse uma grande devoção ao Sumo Pontífice e tenha colocado, desde a origem da Companhia, todos os jesuítas sob a obediência papal, certamente jamais poderia imaginar que um de seus membros um dia ocuparia a cátedra de Pedro. Por isso, não é estranho que a ideia de um Papa jesuíta tenha surpreendido tanto a Companhia de Jesus.

Mas o que estava claro, a partir do dia 13 de março de 2013, era que Jorge Mario Bergoglio era Papa, e a Companhia, como toda a Igreja, podia olhar para ele e repetir as palavras de Jesus:

"Tu és Pedro!"

"Se São Francisco fez isso..."

Ele escolheu o nome de Francisco em honra ao *poverello* de Assis e para jamais esquecer-se dos pobres. "Mas, como assim?", alguém poderia se questionar. Por que um jesuíta escolheria um nome tão franciscano?

Quem conhece a vida de Santo Inácio de Loyola certamente não se surpreenderia com tal decisão. Bergoglio sempre afirmou que é filho dos Exercícios Espirituais e, ainda que tenha adotado o nome de Francisco, jamais mudou sua espiritualidade, isto é, a inaciana. E como inaciano, certamente pode lembrar-se do relato dos primeiros momentos da conversão de Santo Inácio, quando o peregrino de Loyola, ainda convalescente, ao ler a vida dos santos, afirmou:

"Se São Francisco fez isso, eu também posso fazer!"

Neste sentido, a escolha do nome de Francisco, poderíamos afirmar, além de ser um sinal claro de seu sonho de ver uma Igreja pobre para os pobres, está em perfeita conexão com a espiritualidade que Jorge aprendeu a respirar desde os seus primeiros passos na Companhia de Jesus. E é exatamente este o nosso objetivo nestas páginas: conhecer suas origens, algo da sua história, de sua formação na Companhia de Jesus e descobrir como foi modelado o jesuíta que hoje é o 265º sucessor do Apóstolo Pedro.

Um garoto de "bons ares"

A filósofa Hannah Arendt afirmou uma das realidades mais espetaculares da vida humana. Ela dizia que cada nascimento traz ao mundo uma novidade. Ou seja, ao olhar um recém-nascido, contemplamos um futuro repleto de mistérios e surpresas. Certamente, o senhor Mario Bergoglio e sua esposa Regina Maria Sivori jamais poderiam imaginar como seria o futuro de Jorge Mario Bergoglio, primogênito de cinco filhos, nascido em 17 de dezembro de 1936 em Buenos Aires.

De seu pai, recorda principalmente as vezes que o levava, juntamente com seus irmãos, para jogar basquete no clube San Lorenzo. De sua mãe, recorda que aprendeu a apreciar a música clássica, quando os colocava às duas horas da tarde aos sábados diante de um rádio e lhes dizia: "Escutem bem, que agora será tocada uma canção muito linda!" Em várias de suas entrevistas, o Papa afirmou que uma das pessoas que mais lhe

Bergoglio, primogênito de cinco filhos.

Bergoglio com os pais, o senhor Mario Giuseppe Bergoglio Vasallo (1908-1959) e a senhora Regina Maria Sivori Gogna (1911-1981), pouco depois de seu ingresso na Companhia de Jesus.

Bergoglio e a avó Rosa, sua maior influência.

marcaram durante a infância foi sua avó Rosa, que lhe ensinou a rezar, preparou-o para a primeira comunhão e sempre lhe transmitiu uma fé generosa e distante da rigidez moral e puritana.

Cozinhar, aprendeu com a mãe, principalmente em decorrência de uma complicação no seu quinto parto, em que adquiriu uma paralisia e já não podia nem mesmo cozinhar. Jorge Bergoglio recorda que assim aprendeu a cozinhar e isso foi muito útil para ele, principalmente mais tarde que, como jesuíta, tinha de preparar a comida aos domingos para os estudantes. Perguntado se cozinha bem, ele responde:

"Bem, nunca matei ninguém!"

Aos 13 anos, Jorge Bergoglio começou a trabalhar. Estando para entrar na escola secundária, seu pai achou conveniente que buscasse um serviço. Deste modo, o garoto Jorge conseguiu seu primeiro emprego em uma fábrica de meias. Durante os primeiros anos, realizou serviços de limpeza, depois trabalhou na administração, até que no quarto ano, graças aos seus estudos técnicos de química de alimentos, começou a trabalhar em um laboratório. Assim, Mario cedo conhecia de um modo concreto o mundo do trabalho, seus desafios e exigências.

Ele olhou-me com misericórdia

A vida é feita de encontros e, muitos deles, inesperados a ponto de transformar radicalmente nossos próximos passos. Às vezes, pensamos que nossos encontros são frutos do acaso, outras, da providência divina. Mas o mais importante é que, de algum modo, quando olhamos para o caminho percorrido, percebemos que nossos encontros nos ajudaram a chegar onde estamos e a construir a pessoa que somos. Podemos olhar para nossa própria história e nos perguntar:

"Onde eu estaria hoje se naquela tarde ou naquela oportunidade não tivesse encontrado aquela pessoa que despertou em mim a amizade, o amor, a fé?"

Deste modo, podemos contemplar o jovem Jorge, aos 17 anos, caminhando pelas ruas de Buenos Aires ao encontro de seus amigos para festejar o Dia do Estudante. Era o dia 21 de setembro, festa litúrgica de São Mateus Apóstolo. Ao passar diante de sua igreja paroquial, a igreja de San José de Flores, decidiu entrar para fazer uma breve oração. Ao ingressar na igreja, encontrou um padre que ainda não conhecia e que logo transmitiu-lhe grande confiança e espiritualidade. Imediatamente pediu para receber o sacramento da Reconciliação. Bergoglio ainda se lembra daquele momento.

Não foi apenas uma confissão a mais, foi o seu encontro pessoal com a misericórdia e o amor de Deus. Mais tarde, como cardeal, ao lembrar este fato, ele mesmo revela que naquele momento sentiu que tinha ido ao encontro de Alguém que o estava esperando. Sentiu que algo estava mudando em sua vida. Assim, desistiu de ir ao encontro de seus amigos para festejar. Ao invés disso, retornou à sua casa e revelou à sua família, ainda que sem saber ao certo o que significava, seu grande desejo:

"Quero e tenho que ser padre!"

Ainda que continuasse convicto de sua vocação religiosa, Jorge continuou amadurecendo a ideia de abraçar a vida sacerdotal. Continuou a viver seus dias de juventude de forma comum. Não lhe foram poupados dias de solidão e de crises de amadurecimento que ele mesmo denomina "passivos", ou seja, momentos próprios da juventude em que se sofre aparentemente sem motivo algum. Jorge era apaixonado pelo tango, saía com amigos para se divertir e chegou até a iniciar um namoro. Seus amigos da época testemunham que Jorge sabia dançar muito bem e revelam que, embora não deixasse de aproveitar as baladas juvenis das noites de sábado em Buenos Aires, jamais deixava de participar da missa aos domingos pela manhã. Era um jovem cheio de vida, divertido e cultivador dos valores recebidos em família.

Notas

Quando alguém tem respostas para todas as perguntas, demonstra que não está no bom caminho e é possível que seja um falso profeta, que usa a religião para o seu próprio benefício, a serviço das próprias elucubrações psicológicas e mentais. Deus nos supera infinitamente, é sempre uma surpresa e não somos nós que determinamos as circunstâncias históricas em que o encontramos, já que não depende de nós o tempo, nem o lugar, nem a modalidade do encontro. Quem quer tudo claro e seguro pretende dominar a transcendência de Deus.

(Exortação Apostólica do Santo Padre Francisco, *Gaudete et Exsultate* - sobre o chamado à santidade no mundo atual, n. 41, Edições Loyola, 2018)

Aos 21 anos, Jorge passou a ter febres constantes. Depois de receber o diagnóstico de uma pneumonia grave e a presença de três cistos no pulmão, precisou passar por uma séria intervenção cirúrgica que lhe custou a retirada da parte superior de seu pulmão direito. Enquanto sentia fortes dores no hospital, uma irmã religiosa o viu e lhe disse algo que nunca sairia de sua memória:

"Você está imitando a Jesus!"

Nesta mesma época, já seguro de sua vocação, decidiu entrar no Seminário da Arquidiocese de Buenos Aires, mas logo após encantou-se pelo modo de ser dos jesuítas, que, na época, dirigiam o Seminário. Deste modo, pediu para ser admitido ao noviciado da Companhia de Jesus.

Momento de Oração

A vida do Papa Francisco é marcada por muitos encontros e desencontros que sempre o levaram a sentir a presença de Deus em gestos simples. Através dessa dinâmica, Deus foi revelando sua vontade ao jovem Jorge Mario Bergoglio, que, mesmo sem compreender totalmente a vontade de Deus, seguiu confiante no seu amor e em sua misericórdia. Nesse caminho, muitas coisas foram deixadas para trás para que novas coisas pudessem ser acolhidas.

- **Pedido de Graça:** *Deus, nosso Senhor, nos dê a graça de confiar em seu amor e misericórdia para que possamos curar o mundo ferido pela indiferença, desigualdade e violência.*

- **Texto bíblico:** *Lc 9, 1-10.*

- **Provocações:**

- *Quais foram os encontros ou desencontros que tive em minha vida e que se revelaram verdadeiras manifestações do amor de Deus?*

- *Quais são as barreiras que dificultam o meu encontro com Jesus?*

- *Quais as dificuldades que se apresentam em minha vida e que não me deixam seguir os passos de Jesus?*

Na Companhia de Jesus

Por que Jorge escolheu ser jesuíta? Ele mesmo revela, apontando dois de seus principais motivos:

"Entrei na Companhia de Jesus atraído por sua condição de vanguarda na Igreja, desenvolvida com obediência e disciplina, e por estar orientada ao labor missionário."

Obediência, disciplina e missão. Três palavras que pautam o carisma da Companhia e que seriam determinantes na vida do jesuíta Jorge Bergoglio. Ainda nos primeiros anos de formação, o jovem pediu aos superiores para ser enviado ao Japão. Sentia-se entusiasmado pelo exemplo dos missionários jesuítas como Francisco Xavier e Paulo Miki e seus companheiros, estes, martirizados no final do século XVI. Porém, seu pedido não foi atendido. Ele, já cardeal, afirmou com seu típico bom humor:

"Se tivessem me enviado para lá (Japão), muitos teriam se livrado de mim aqui...".

Hoje, olhando para a sua "teografia" – os escritos de Deus em sua vida –, Bergoglio e todos nós podemos compreender que aquela resposta negativa era um sinal de que Deus o conduziria por outros caminhos.

A formação de Jorge na Companhia de Jesus seguiu a praxe tradicional da Ordem. Entrou no noviciado em 1958, na cidade de Córdoba. Após pronunciar os primeiros votos, seguiu para a etapa do juniorado no Chile. Após os estudos de humanidades, retornou à Argentina para conseguir a graduação em Filosofia na Universidade Católica. A etapa do magistério foi realizada entre os anos de 1964 e 1966 em dois locais: no Colégio Imaculada, na Província de Santa Fé, e no Colégio do Salvador, em Buenos Aires. Foi durante este tempo que ensinou Psicologia e Literatura e ainda recebeu de seus alunos o apelido de *Carucha*, que significa "rosto de menino". Cinquenta anos depois, alguns de seus alunos recordaram os encontros e as aulas de Bergoglio em um livro chamado *"El maestrillo"*. Uma das recordações que Carucha deixou mais forte no coração de seus alunos foi a iniciativa que teve de convidar para suas aulas o grande escritor argentino Jorge Luis Borges. Logo após a etapa do magistério, Jorge estudou Teologia e, em 1969, foi ordenado presbítero.

Apenas 4 anos após a ordenação, realizou a última etapa de formação da Companhia, conhecida como Terceira Provação. Em 1973, foi incorporado definitivamente na Companhia com a Profissão Solene em que, além dos conselhos evangélicos, pronunciou o voto de obediência ao Sumo Pontífice acerca das Missões. Logo após, recebeu a missão de ser mestre de noviços em San Miguel. Mas tal missão durou muito pouco, pois no mesmo ano, o Pe. Pedro Arrupe, en-

tão Superior Geral da Companhia de Jesus, o nomeou
Superior Provincial dos jesuítas da Argentina. Jorge
Bergoglio contava com apenas 34 anos. Mais tarde, em
uma entrevista, o atual Papa, recordando este tempo,

Foto de arquivo sem data. Jorge Mario
Bergoglio, à esquerda, celebra a missa com o
Superior Geral dos Jesuítas, Pedro Arrupe,
à direita (Foto: Cúria Geral dos Jesuítas).

dizia que era muito jovem para exercer um cargo de tão grande responsabilidade e importância não somente dentro da Companhia, mas da Igreja e do país.

O provincialado de Jorge Bergoglio foi um dos tempos mais conturbados de sua vida na Companhia. Em 1976, na Argentina, começava uma duríssima ditadura e, com ela, uma terrível caça às bruxas. Todos, mesmo os religiosos, que demonstrassem alguma suspeita de subversão à ordem estabelecida pelo regime, eram perseguidos, sequestrados e, não raramente, assassinados. Bastava que alguém realizasse um serviço pastoral em meio aos pobres para que as ameaças começassem a acontecer. Como provincial, Bergoglio se preocupava muito com tais ameaças e, em suas visitas, principalmente a dois jesuítas, Yorio e Jalics, sempre lhes advertia a respeito dos perigos que estavam incorrendo. Infelizmente, os jesuítas foram sequestrados e, mais tarde, Bergoglio seria denunciado por supostamente os ter abandonado nas mãos dos militares. Perguntado sobre este fato, já como arcebispo e cardeal, Bergoglio afirmou que não somente não os abandonou, mas que se "moveu como louco" para que eles fossem libertados.

Já Papa, em sua primeira grande entrevista concedida ao diretor da revista *La Civiltà Cattolica*, Pe. Antonio Spadaro, Bergoglio reconheceu que não foram

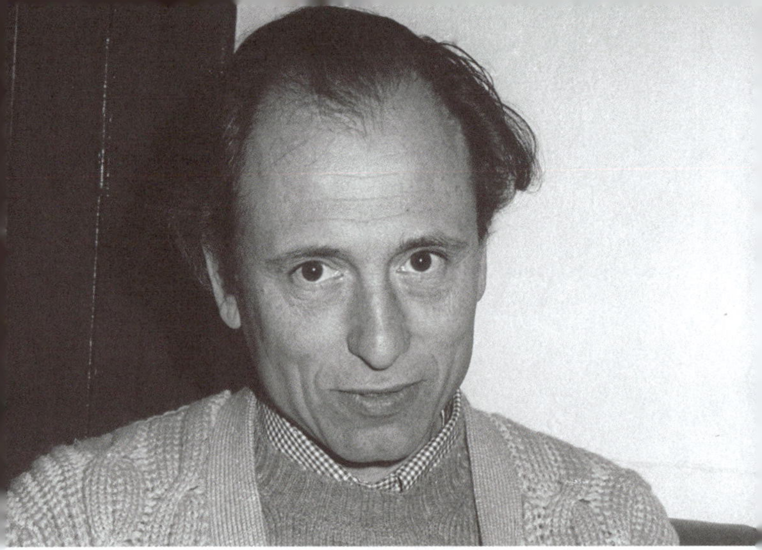

Fotos dos Jesuítas
Orlando Yorio (acima)
e Franz Jalics (lado).

Homens sendo detidos durante a ditadura
militar na Argentina (1976-1983)
(Foto: Eduardo DiBaia).

tempos fáceis e nem sempre acertou em suas decisões como provincial:

Estávamos num tempo difícil para a Companhia: tinha desaparecido uma inteira geração de jesuítas. Por isso, vi-me nomeado provincial ainda muito jovem. Tinha 36 anos: uma loucura. Era preciso enfrentar situações difíceis. [...] O meu modo autoritário e rápido de tomar decisões levou-me a ter sérios problemas e a ser acusado de ultraconservador.

Porém, a verdade tem muitos vértices e o provincial Bergoglio auxiliou muitos perseguidos e são inúmeros os testemunhos de pessoas que foram salvas das mãos dos militares graças à sua ajuda. O padre provincial da Argentina trabalhava de modo clandestino e escondia muitas pessoas perseguidas nas casas da Companhia, com a desculpa que estavam fazendo longos dias de retiro espiritual. O atual Papa recorda ainda que chegou a oferecer a um jovem que se parecia com ele o seu documento de identidade, para que pudesse fugir para buscar refúgio no Brasil, entrando por Foz do Iguaçu. É importante ressaltar que, naquela época, Bergoglio ainda não era bispo, era apenas um jovem provincial. Ainda assim, não hesitou em buscar as autoridades argentinas para defender acusados e pedir a libertação deles.

Momento de Oração

A vida do Papa Francisco também é marcada por inúmeras incompreensões e abandonos, principalmente de alguns companheiros muito próximos. Ainda como provincial dos jesuítas na Argentina, o então padre Jorge M. Bergoglio teve que tomar muitas decisões difíceis, o que lhe custara inúmeras críticas ao seu provincialado. Foi nesses momentos de tristeza e aridez que o padre Jorge M. Bergoglio se encontrou com a misericórdia de Deus. *"A verdade é que sou um pecador a quem a misericórdia de Deus amou de um modo privilegiado"*.

- **Pedido de Graça:** *Senhor, dá-nos a graça de reconhecer nossos pecados, mas também de reconhecer que somos muito amados por Ti, e convidados a levar Sua mensagem de amor ao próximo, podendo, assim, em tudo amar e servir à Sua Divina Majestade.*

- **Texto bíblico:** *Jo 6, 60-69.*

- **Provocações:**

- *Quais foram os pontos da leitura sobre a vida do Papa Francisco que mais me chamaram a atenção?*

- *Quais foram os pensamentos ou lembranças de minha vida que surgiram durante a leitura e a oração?*

- *Quais os movimentos internos que me ocorreram durante a leitura? Desejos, sentimentos, ideias.*

Os nós que ela desatou

Após os tempos conturbados do provincialado de Bergoglio, em 1980, o jesuíta deixou o cargo de provincial e seguiu para San Miguel a fim de assumir o reitorado do Colégio Máximo e das Faculdades de Filosofia e Teologia. Naqueles anos, Bergoglio também iniciava um projeto de doutorado sobre Romano Guardini, teólogo alemão que tinha sido mestre de Paulo VI e Bento XVI, durante seus estudos. Em 1986, Bergoglio contava com 50 anos e viajou para a Alemanha para continuar suas pesquisas e lá conheceu uma devoção que passou a fazer parte de sua vida.

Os arquivos de sua pesquisa estavam em Munique e ele defenderia sua tese na faculdade de Sankt Georgen, em Frankfurt. Deste modo, percorria sempre estas duas cidades. Mas se estas representavam locais de estudos para Bergoglio, havia outra que se tornaria especial na sua vida. Tratava-se da cidade de Augsburgo. Lá, em uma igreja da Companhia dedicada a São Pedro, contemplou, pela primeira vez, o quadro de Nossa Senhora Desatadora dos Nós. No quadro, Nossa Senhora é representada desatando os nós de um laço que um anjo lhe entrega, enquanto um outro anjo recebe o laço já desatado.

Certamente, o Padre Bergoglio enxergou seus "nós" sendo desatados pelas mãos de Maria. Muito provavelmente, as tristezas, as incompreensões, as crises, as incertezas, os erros, eram os "nós" que Bergoglio entregava nas mãos da Mãe de Jesus. Quando retornou à Argentina, levou consigo algumas estampas do quadro que um artista reproduziu e a obra foi colocada em uma igreja periférica de Buenos Aires para a veneração dos fiéis. O local, desde então, passou a ser lugar privilegiado de peregrinação. Bergoglio, ao recordar deste fato, afirma:

"Senti-me instrumento de Deus para aquele povo."

Bergoglio retornou à Argentina sem concluir seu doutorado, mas voltava mais forte para enfrentar as dificuldades. A Alemanha foi para Bergoglio um deserto onde pôde se sentir motivado a iniciar um longo percurso de reconciliação com as intempéries da sua vida. Lá, discerniu seu coração de jesuíta e de padre e, em meio a grandes oportunidades acadêmicas, tomou a decisão que iria determinar os seus próximos passos: o cuidado das almas.

De volta ao seu país natal, Jorge recebeu a missão de ser confessor e acompanhante espiritual no mesmo local onde antes tinha estado como noviço. Bergoglio recorda aqueles dias como "tempo de escuridão e de sombras", mas, ao mesmo tempo, Córdoba era a cidade onde encontrou a rota de Deus em sua vida, o caminho para a sua purificação interior. De fato, era a primeira vez, desde que tinha sido ordenado presbítero, que não assumia um cargo de governo. Em Córdoba, como ele mesmo depois confessou, viveu o seu exílio. Ou melhor, aquela cidade foi para ele como uma Nazaré, mais que um lugar, um tempo oportuno para cuidar-se a crescer quase que no anonimato, no abraço gratuito das fatigas simples do cotidiano.

Mas, por que razão Bergoglio era submetido a um tempo de deserto? Ele mesmo se recorda que era muito jovem quando foi eleito provincial e seu autoritarismo ficou evidente e impresso em muitos de seus ex-súditos jesuítas. Por isso, a recordação dos problemas que criou ainda se fazia presente na província argentina. Neste sentido, a distância de Buenos Aires parecia necessária para que Bergoglio se dedicasse à autorreflexão, pudesse reconciliar-se e revisar suas atitudes. O atual Papa recorda que não recebeu nem mesmo um calendário fixo de missas, apenas um programa para atender confissões. No livro *"El jesúta"*, o então arcebispo de Buenos Aires revelou com muita sinceridade a sua profunda experiência de encontro com sua própria miséria e a misericórdia de Deus:

"A verdade é que sou um pecador a quem a misericórdia de Deus amou de um modo privilegiado. Desde jovem, a vida me colocou em cargos de governo – recém ordenado presbítero fui designado mestre de noviços e, dois anos e meio depois, provincial – e tive que ir aprendendo durante o percurso, a partir dos meus erros, porque, isso sim, erros cometi aos montes. Erros e pecados. Seria falso da minha parte dizer que hoje em dia peço perdão pelos pecados e ofensas que poderia ter cometido. Hoje, peço perdão pelos pecados e ofensas que realmente cometi."

Bergoglio afirma ainda que aquele tempo ofereceu para ele a oportunidade de viver a sua segunda conversão. Como confessor, passou a atender pessoas provenientes dos lugarejos vizinhos que vinham à igreja para receber a consolação do Senhor. Professores e estudantes, ricos e pobres, todos os tipos de pessoas, que confirmavam o coração de Bergoglio no desejo de salvar as almas. Depois de ter ocupado altíssimos cargos entre os jesuítas da Argentina, Jorge tornava-se um simples servidor do Evangelho. E como ele mesmo afirmou: "Córdoba foi um propedêutico da missão que Deus ainda estava por confiar."

E os "nós", ela desatou!

Uma missão recebida no aeroporto

Era o dia 13 de maio de 1992. Através de uma chamada telefônica, o núncio apostólico convocou Jorge Bergoglio para um breve encontro no aeroporto de Córdoba. Mas o que desejava o senhor núncio de um simples confessor de uma igreja de Córdoba? O encontro foi brevíssimo. O núncio começou a conversa fazendo uma série de perguntas sobre temas sérios ao jesuíta - talvez para certificar-se da ortodoxia de sua doutrina – e ele as respondeu tranquilamente. De repente, enquanto chamavam os passageiros para se apresentar para a viagem e os dois se preparavam para se despedir, o núncio lhe informa:

"Ah... uma última coisa... você foi nomeado bispo auxiliar de Buenos Aires e a nomeação será publicada no próximo dia 20."

Daquele dia, Bergoglio se recorda de sua reação de bloqueio diante de tal notícia. Sabia que não era comum que um jesuíta, que renuncia à busca de postos de importância dentro e fora da Igreja, chegasse a receber a mitra episcopal, muito menos em sua situação de exílio em Córdoba. Mas a verdade é que ele não tinha escolha. Sua nomeação chegou sem mesmo ter a oportunidade de exprimir sua opinião. O núncio não lhe ofereceu uma proposta, simplesmente comunicou-lhe a nomeação já realizada pelo Papa João Paulo II. Apenas 7 dias depois, a notícia espalhou-se pela Argentina: o jesuíta Jorge Bergoglio era bispo auxiliar de Buenos Aires.

Ordenação Episcopal de Dom Jorge Mario Bergoglio / Foto: Cortesia do irmão jesuíta argentino Mario Rafael Rausch (abaixo) e Dom Bergoglio e Dom Calabresi (lado).

Um bispo para todas as periferias

Pouco mais de um mês após sua nomeação, o jesuíta foi consagrado bispo em Buenos Aires. "Misericordiándolo y elegiéndolo" foi o lema escolhido por ele para a sua consagração. Assim, resgatava sua experiência espiritual fundante: aquela que recebeu durante uma confissão no dia 21 de setembro, quando tinha apenas 17 anos. Sobre esta experiência, Bergoglio afirmava:

"Ele me elegeu pelo nome e a única coisa que me pede é que me deixe amar por Ele."

Como bispo auxiliar, depois coadjutor, em seguida arcebispo de Buenos Aires e finalmente, em 2001, nomeado cardeal, Bergoglio foi um verdadeiro pastor, amado por seu clero, presente e compassivo com suas dificuldades, e querido, especialmente, pelo povo das periferias da capital. Visitava frequentemente as famílias, dedicava seu tempo à escuta delas, oferecia-lhes os sacramentos, celebrava a Eucaristia em locais improvisados. Jamais foi alheio aos seus problemas concretos e não era omisso na defesa de seus direitos humanos e sociais.

Aplicava, assim, a chamada *teología del pueblo*, ou seja, uma teologia que nasce não através de meros conceitos acadêmicos, mas que é gestada no coração do povo de Deus. Uma teologia que promove, acompanha e anima as devoções simples, a sensibilidade e as necessidades reais do povo de Deus. Não tinha motorista particular. Utilizava sempre transportes públicos. Dom Bergoglio, ao visitar as pessoas, tomava um bom chimarrão com elas e fazia questão de chamá-las pelo nome. Conheceu e acompanhou de perto a triste realidade das vítimas das drogas, da prostituição, da violência, da miséria, das enfermidades. Sentiu o coração de jovens mães abandonadas, pessoas homoafetivas, divorciados... Para o bispo, a situação moral das pessoas jamais foi condição para receber os sacramentos. Nunca negou o batismo a alguém e chamava de hipócritas os que se recusavam a oferecê-lo.

Rogava aos seus padres para que não fossem severos no Sacramento da Reconciliação.

"Padre, o que eu tenho de fazer?", perguntou-lhe um de seus padres diante de uma situação moral ferida de um penitente. E Bergoglio lhe respondeu: "Seja compassivo!"

Vale recordar que no mesmo local onde duas décadas antes moravam e trabalhavam os padres jesuítas Yorio e Jalics durante a ditadura argentina, Dom Bergoglio enviou vários padres para servir e cuidar daquele povo. O livro *Pope Francis, Untying the knots,* de Paul Vallely, traz o relato do Pe. Carrara, um dos padres que foram enviados para exercer seu ministério no local:

Bergoglio era como um pai para mim. Ele era muito próximo a mim. Ele confiava em mim. Deixava-me livre para trabalhar do meu modo. Ele estava sempre presente quando eu precisava dele. Ele sempre respondia minhas chamadas telefônicas dizendo:

"Olá, aqui é o Bergoglio, como posso ajudar?"

Em 2004, quando houve um incêndio em uma casa noturna em Buenos Aires, uma tragédia que matou pelo menos 175 pessoas, Dom Bergoglio imediatamente foi até o local para acompanhar os familiares com sua presença. Assim relatou o pai de uma das vítimas: "Ele foi uma das poucas autoridades que esteve conosco naquele dia. Ele nos acompanhou com sua presença." Mais tarde, o cardeal comentou aquele fato:

"Eu fiquei em silêncio. A única coisa que me ocorreu foi ficar em silêncio e, dependendo da confiança que eles tinham em mim, tomava suas mãos. E rezava por eles, porque as dores, tanto psicológicas como espirituais, nascem lá onde ninguém pode entrar. O que as pessoas precisam saber é que alguém está com elas, respeitando seu silêncio e rezando para que Deus entre naquele espaço que é pura solidão."

Cromañón, a discoteca argentina
onde o incêndio aconteceu.

Deste modo, o coração do jesuíta pastor deixava-se transformar a partir de seu contato com Deus, experimentado, de modo especial, no encontro com a vulnerabilidade humana. E estas experiências vividas de modo visceral seriam fundamentais para o que aconteceria a Bergoglio no dia 13 de março de 2013: receberia as chaves do Reino dos Céus.

Papa para amar e servir

Convido todo cristão, em qualquer lugar e situação que se encontre, a renovar hoje mesmo o seu encontro pessoal com Jesus Cristo ou, pelo menos, a tomar a decisão de se deixar encontrar por Ele, de O procurar dia a dia sem cessar.

Não há motivo para alguém poder pensar que este convite não lhe diz respeito, já que "da alegria trazida pelo Senhor ninguém é excluído". Quem arrisca, o Senhor não o desilude; e, quando alguém dá um pequeno passo em direção a Jesus, descobre que Ele já aguardava de braços abertos a sua chegada. Este é o momento para dizer a Jesus Cristo: Senhor, deixei-me enganar, de mil maneiras fugi do vosso amor, mas aqui estou novamente para renovar a minha aliança convosco. Preciso de Vós. Resgatai-me de novo, Senhor; aceitai-me mais uma vez nos vossos braços redentores".

Como nos faz bem voltar para Ele, quando nos perdemos! Insisto uma vez mais: Deus nunca Se cansa de perdoar, somos nós que nos cansamos de pedir a sua misericórdia. Aquele que nos convidou a perdoar "setenta vezes sete" (Mt 18, 22) dá-nos o exemplo: Ele perdoa setenta vezes sete. Volta uma vez e outra a carregar-nos aos seus ombros.

Jorge Mario Bergoglio

Ninguém nos pode tirar a dignidade que este amor infinito e inabalável nos confere.

Ele permite-nos levantar a cabeça e recomeçar, com uma ternura que nunca nos defrauda e sempre nos pode restituir a alegria. Não fujamos da ressurreição de Jesus; nunca nos demos por mortos, suceda o que suceder.

Que nada possa mais do que a Sua vida que nos impele para diante!

"É alguém que encontrou-se pessoalmente com Jesus e deseja que outros também façam a mesma experiência!" Afirmou uma pessoa após ter contato com um dos primeiros documentos escritos pelo novo Papa da Igreja Católica, a Exortação Apostólica *Evangelii Gaudium*. Tais palavras são simples, mas incrivelmente comoventes, imbuídas de uma radicalidade amorosa, cujo único objetivo é derramar o óleo do Evangelho nas feridas de uma Igreja tumultuada por suas incoerências e pecados e nas chagas de um mundo intoxicado de desesperanças.

Papa Francisco, filho da espiritualidade inaciana, desde seus primeiros dias, convocou toda a Igreja ao discernimento dos sinais de Deus nos difíceis dias atuais. Ao adotar o nome de Francisco, certamente inspirado pelo pobrezinho de Assis, viu-se diante de uma Igreja em ruínas e sentiu-se chamado a oferecer sua vida para reformá-la. Mas o atual Papa foi além, discerniu que a casa habitada por Deus que tinha de reformar não era somente um templo que, por causa do descuido de seus sacerdotes, foi transformado em museu; nem uma estrutura hierárquica clericalista; nem mesmo uma cúria romana envolvida em escândalos, burocracias e disputas por poder. Entendeu que não eram somente nestas realidades que Deus residia. Através da sua oração diária, que inicia sempre às 4 da manhã, da sua escuta atenta às necessidades do mundo, dos seus encontros com o mais diverso tipo de pessoas, foi apto a reconhecer que o endereço de Deus, a moradia de Deus, é a Casa Comum: todo o planeta. E que os homens e mulheres, independentemente de sua proveniência, crenças, situação moral, são igualmente filhos amados do Pai que, no seu abraço acolhedor, acolhe, ao mesmo tempo que aproxima todos os seres humanos e os faz sentir irmãos e irmãs uns dos outros.

Francisco incomoda a muitos, dentro e fora da Igreja. Por isso mesmo, é natural que encontre obstáculos e resistências. Mas o homem de 85 anos, que às vezes respira ofegante e caminha com certa dificuldade, prossegue incansavelmente o seu caminho reformador. Como profeta dos tempos atuais, na força do Espírito Santo, denuncia com todas as forças a desumana cultura do descarte, dos nacionalismos e fundamentalismos, da idolatria ao dinheiro, de uma economia que mata e, ao invés de promover o ser humano, o escraviza. Não somente denuncia, mas ele mesmo é o primeiro a propor caminhos novos, a acolher os imigrantes, a sonhar com uma nova economia, com o cuidado da Casa Comum. A verdade é que nos interesses de Francisco, encontra-se todo ser humano de boa vontade.

Francisco, através de suas palavras, mas principalmente de suas atitudes, revela cada vez mais que ele é um jesuíta que se tornou Papa. E a Companhia de Jesus, ainda desconcertada ao contemplar um de seus filhos sentados na cadeira de Pedro, continua a dedicar, como o fez desde sempre, seu carinho, apoio e obediência àquele que é sinal visível da unidade da Igreja. Como o fez, em nome de todos os jesuítas, o saudoso Pe. Adolfo Nicolás ao receber o convite para encontrar-se pela primeira vez com o novo Papa, poucos dias após sua eleição.

Respondendo a um convite pessoal do Papa Francisco, às 5:30 da tarde estive na Casa Santa Marta, onde estiveram os cardeais que participaram do conclave. O mesmo Papa Francisco estava à porta e me recebeu com o abraço costumeiro que nós jesuítas nos damos ao nos encontrarmos. A seu pedido, fizemos algumas fotos e, diante das minhas desculpas por não se encaixar ao protocolo, insistiu-me para que o tratasse como um simples jesuíta, chamando-o de você, de modo que não precisei tratá-lo como Santidade ou Santo Padre.

Ofereci-lhe todos os recursos que a Companhia dispõe, já que nesta nova situação, certamente necessitará de pessoas, grupos de conselho e reflexão, etc. Mostrou-se agradecido por meu oferecimento, e quando o convidei para vir comer conosco na Cúria, disse-me que certamente virá.

Houve total sintonia em nossa maneira de sentir diante de uma variedade de temas que tocamos durante a conversa e fiquei convencido que trabalharemos muito bem juntos, a serviço da Igreja e em nome do Evangelho.

Deu-se um entendimento mútuo com muita paz e humor quando falamos sobre o passado, presente e futuro. Deixei a Casa Santa Marta convencido que o Papa, com alegria, contará com a nossa colaboração a serviço da Vinha do Senhor.

Ao final, ajudou-me a colocar o casaco e acompanhou-me até a porta. Isso proporcionou-me algumas saudações da parte dos guardas suíços que lá estavam. Novamente um abraço jesuítico como naturalmente acontece quando se encontra e se acolhe a um amigo.

Pe. Adolfo Nicolás, SJ
(1936–2020)

Adolfo Nicolás, SJ,
o 30º Superior-Geral
da Companhia
de Jesus

Momento de Oração

Ao fazer a leitura da vida do Papa Francisco, percebemos que, desde sua juventude, a vida de Bergoglio é marcada por diversas surpresas de Deus. Percebemos que um coração confiante em Deus não teme as "mudanças de rota" que Ele nos apresenta.

*- **Pedido de Graça:** A confiança em Deus Nosso Senhor, para que não tema as adversidades da vida, e que eu possa abrir meu coração para acolher Suas surpresas.*

- **Texto bíblico:** *Jo 1, 35-42.*

- **Provocações:**

  - *Quais são as inseguranças e medos que eu tenho e que me impedem de seguir o chamado de Jesus?*

  - *Quais os sentimentos que experimento quando penso sobre o desejo que Deus tem para minha vida?*

  - *Qual é meu magis?*

Notas

Magis: "Trata-se [...] desse *plus* que leva Inácio a iniciar processos, acompanhá-los e a avaliar sua real incidência na vida das pessoas, seja em questão de fé, de justiça, ou de misericórdia e caridade. O *magis* é o fogo, o fervor em ação que sacode as sonolências. Os nossos santos sempre o encarnaram. Diziam de santo Alberto Hurtado que era 'um dardo agudo que se crava na carne adormecida da Igreja' [...] 'A Companhia de Jesus é fervor', afirmava Nadal."

(Pequeno trecho adaptado do discurso de Sua Santidade, o Papa Francisco, à 36ª Congregação Geral da Companhia de Jesus)

"Quero crer em Deus Pai, que me ama como um filho, e em Jesus, o Senhor, que me infundiu seu Espírito em minha vida para fazer-me sorrir e, assim, levar-me ao reino eterno da vida.

Creio em minha história, que foi traspassada pelo olhar do amor de Deus e, no dia da primavera de 21 de setembro, veio ao meu encontro para convidar-me a segui-lo.

Creio na mesquinhez de minha alma, que busca obter sem doar... sem doar.

Creio que os outros são bons e que devo amá--los sem temor, e sem traí-los nunca para buscar uma segurança para mim.

Creio na vida religiosa.

Creio que quero amar muito.

Creio na morte diária, queimante, da que fujo, mas que me sorri convidando-me a aceitá-la.

Creio na paciência de Deus, acolhedora, boa como uma noite de verão.

Creio que papai está no céu junto ao Senhor.

Creio que o padre Duarte[1] também está lá intercedendo por meu sacerdócio.

---

1   Que confessou Bergoglio no dia 21 de setembro.

Creio em Maria, minha mãe, que me ama e nunca me deixará só. E espero a surpresa de cada dia em que se manifestará o amor, a força, a traição e o pecado, que me acompanharão até o encontro definitivo com este rosto maravilhoso que não sei como é, do qual fujo continuamente, mas que quero conhecer e amar.

Amém."

"Profissão de fé" *escrita por Jorge Mario Bergoglio no dia de sua ordenação presbiteral.*

Notas

Frases de Bergoglio

"Temos que saber que a vida não pode nascer sem passar pela dor."

"Para mim, o sentir-se pecador é uma das coisas mais lindas que pode acontecer a uma pessoa, quando ela descobre que existe alguém que a ama profundamente."

"É muito difícil perdoar sem uma referência em Deus, porque somente possui a capacidade de perdoar quando se tem a experiência de ter sido perdoado."

"Transitar em paciência supõe aceitar que a vida é isso: uma contínua aprendizagem."

"*Deus não se cansa de perdoar... nós é que cansamos de pedir perdão.*"

"*O poder é como um copo de cachaça em um estômago vazio.*"

"*Prefiro uma Igreja acidentada, ferida e enlameada por ter saído pelas estradas, a uma Igreja enferma pelo fechamento e a comodidade de se agarrar às próprias seguranças. Não quero uma Igreja preocupada com ser o centro, e que acaba presa num emaranhado de obsessões e procedimentos*" (Evangelii Gaudium, 49).

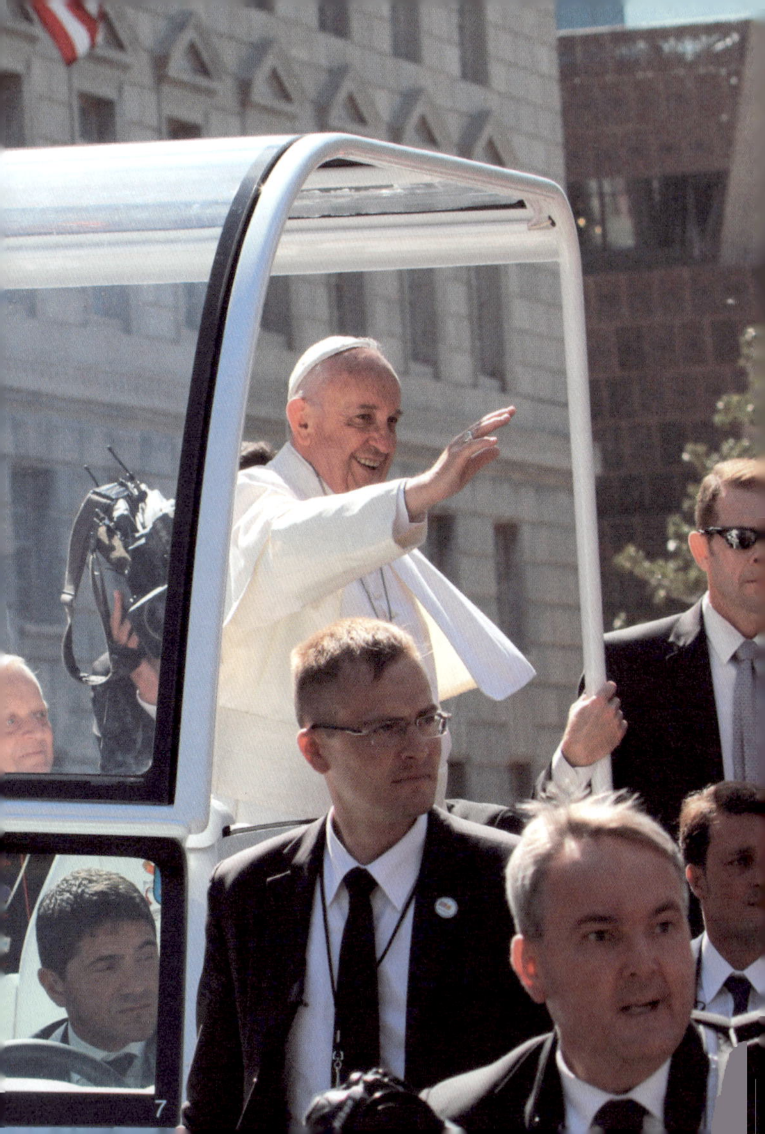
7

Momento de Oração

Chegando ao fim da leitura da vida de Papa Francisco, faça um pequeno exercício de recolhimento dos frutos, atendo-se aos movimentos interiores que você sentiu mais fortemente enquanto lia esta biografia. Não se esqueça de anotar tudo em seu diário espiritual e procurar o seu acompanhante vocacional para partilhar o que experimentou.

- *Quais os sentimentos e atitudes de Papa Francisco mais me impressionam? Sinto-me identificado com eles? Quais eu desejaria ter?*

- *No que a minha vida e vocação se parecem com a de Papa Francisco?*

- *No que a vida de Papa Francisco me inspira em minha caminhada vocacional?*

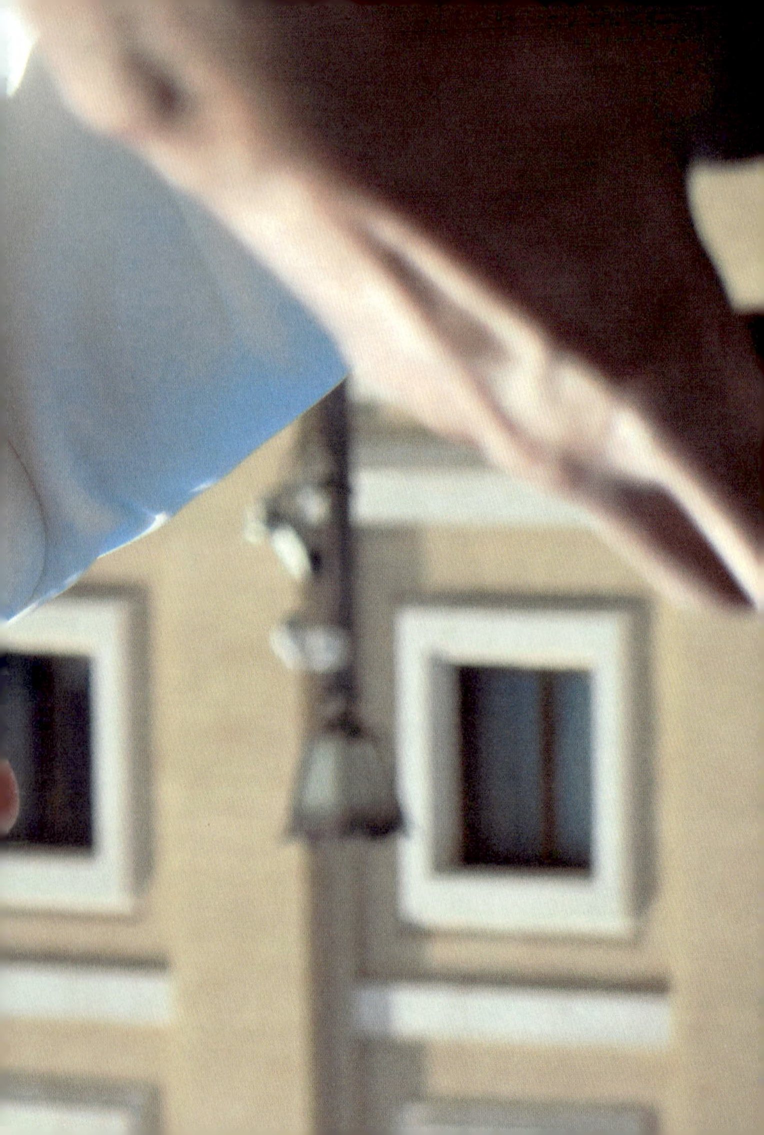

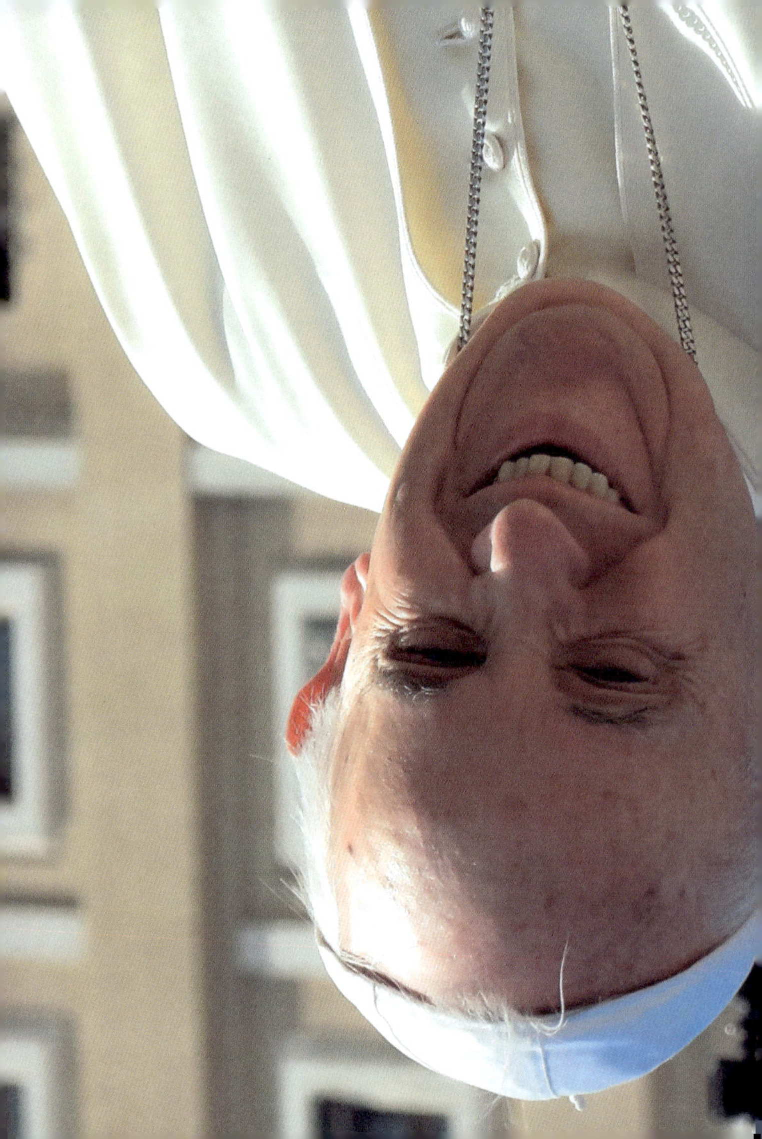

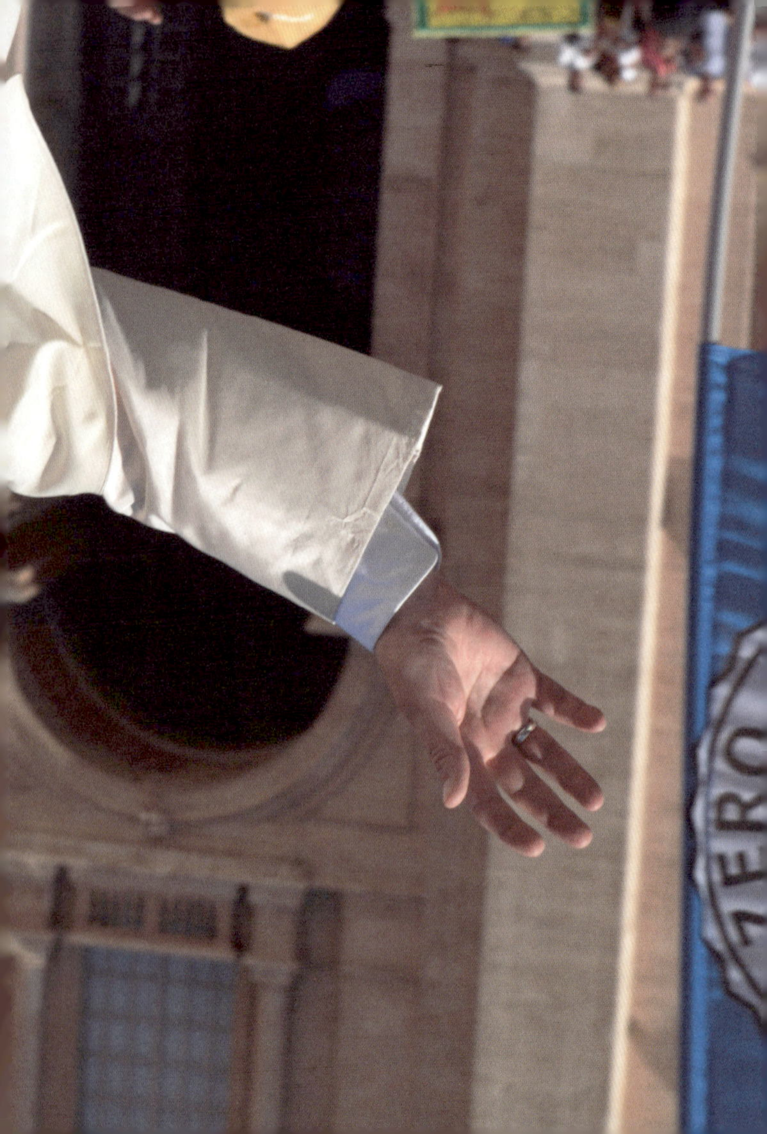
ZERO

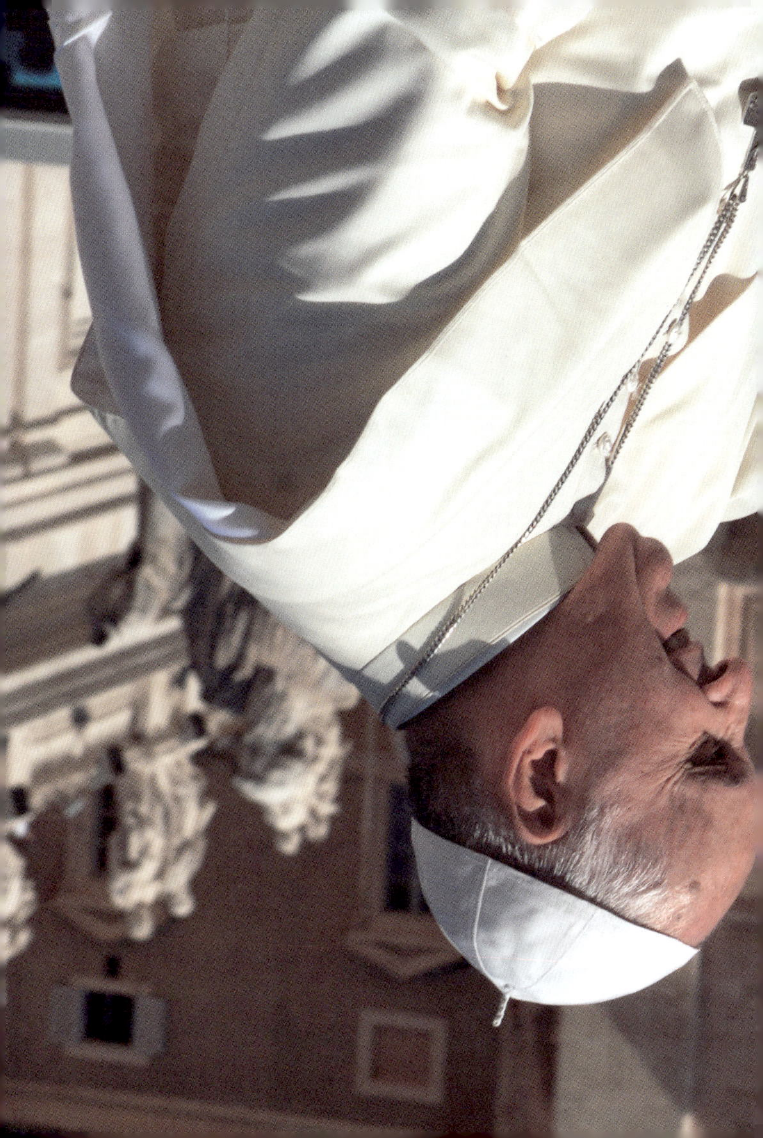

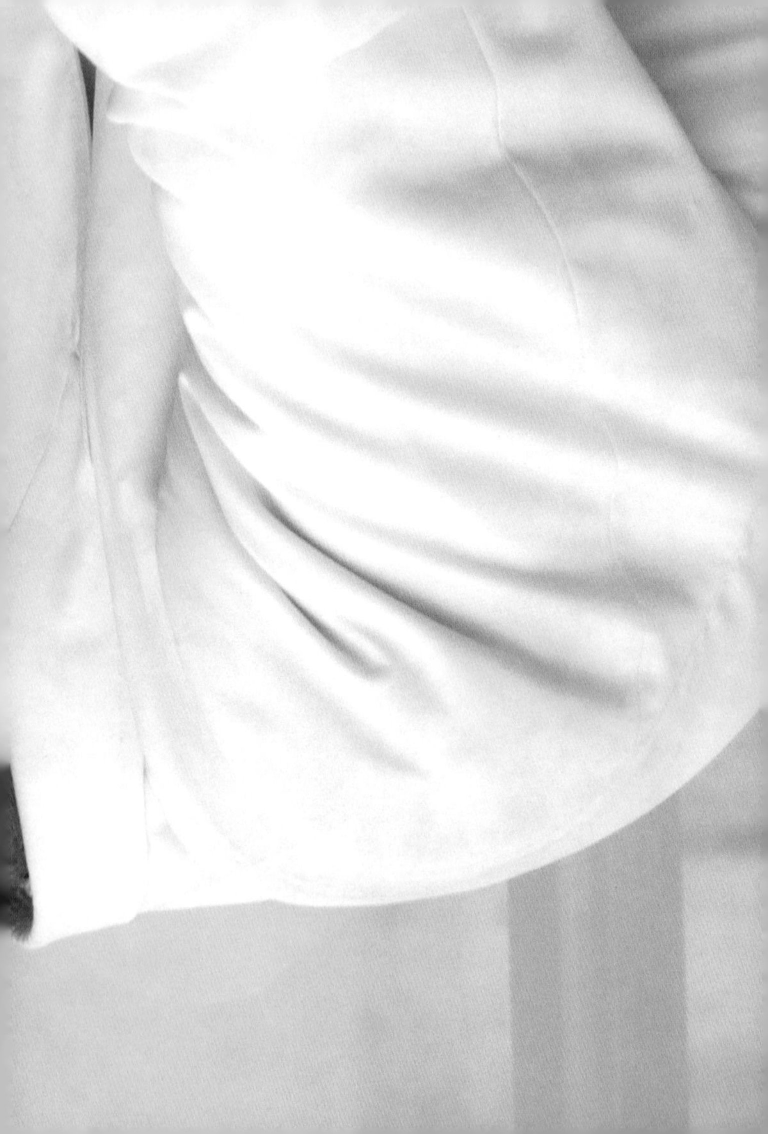

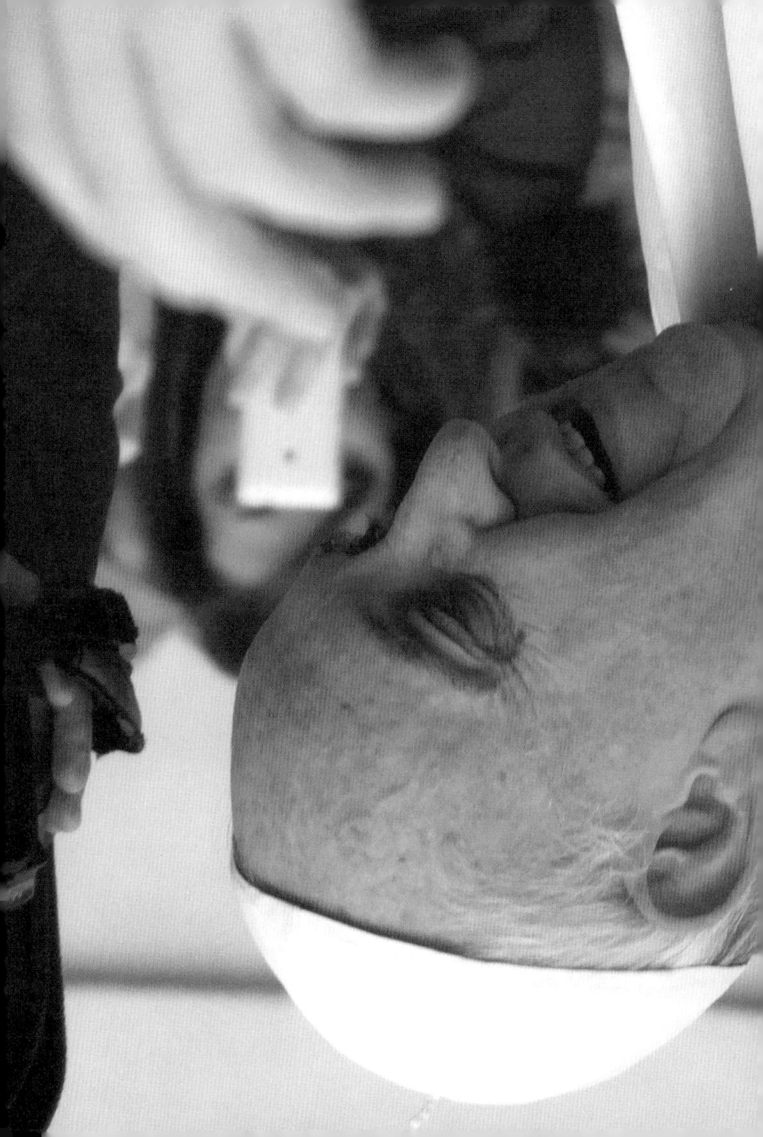

JESUÍTAS BRASIL

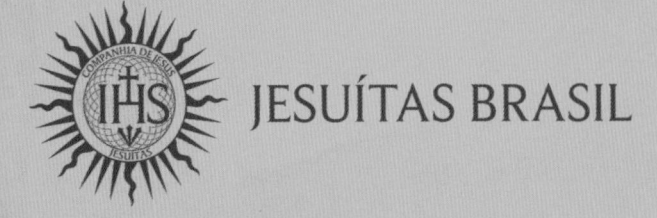

SENHOR JESUS,

NÓS TE PEDIMOS
QUE A MUITOS ESCOLHAS E CHAMES,
QUE A MUITOS CHAMES E ENVIES,
CONFORME TUA VONTADE,
PARA TRABALHAR PELA IGREJA
EM TUA COMPANHIA.

ORAÇÃO PELAS VOCAÇÕES
PE. NADAL, SJ (1556)

VOCAÇÕES JESUÍTAS

SER+
PARA OS DEMAIS

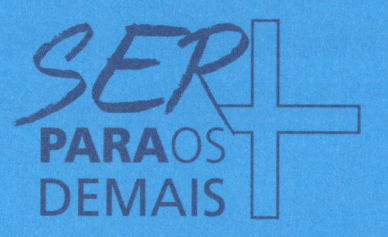

WWW.JESUITASBRASIL.COM

Uma das missões dos jesuítas é ajudar os jovens na construção de seus projetos de vida e no discernimento vocacional.

Se você deseja conhecer mais sobre a Companhia de Jesus, entre em contato pelo e-mail **vocacao@jesuitasbrasil.org.br** ou pela página no Facebook **facebook.com/vocacoesjesuitas**

Escaneie este QR Code para acessar informações sobre as Vocações Jesuítas

MAG+S
BRASIL

COMPANHIA DE JESUS

IHS

JESUÍTAS